La caja

Ramón Hondal

La caja

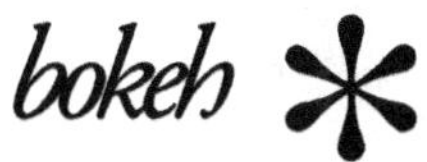
bokeh

Primera Caja

(…)

…hay una habitación. En esa habitación alguien de un lado a otro en el ritmo de un paso lento con cuidado de no pisar aquí no pisar allá. No aquí. No allá. Hay dibujos en el suelo. Hay líneas en el suelo. Sí se pisa aquí. No se pisa allá. Hay un mapa en el suelo. Hay otro mapa de libros en la habitación y ese mapa de libros ha dictado una manera una forma. La forma de una Caja. Tal vez sea esa la forma en que se sigue ese mapa de sí pisar aquí de no pisar allá. Porque ese alguien toma un libro y a partir de ahí se detiene. Toma una historia: *Manfred*. Toma un personaje: *Manfred*. A partir de ahí comienza a construir otro mapa para pisar aquí sí allá no. *Manfred* le da una historia una forma un pisar que hace que sea alguien. Byron da un lenguaje. Tchaikovsky un sonido. Mezcla. Une todo con un pisar aquí sí allá no para comenzar con una estructura y con eso arma su paso que pisa sí aquí no allá y arranca. Ya sabe que tiene un paso y quiere darle forma de lenguaje y de sonido y lo materializa en una Caja en la que entrará todo. Ya ve la Caja. Se ve en la Caja. La escribe.

La Caja aparece por un gesto. El gesto de cargar con algo que no era. Entonces la Caja será todo, lo que fue es y será. Cargará la Caja y con ella encima pisará aquí sí allá no. Bien, esto así ya tiene un pasado. Uno solo ahora que se pasea por una habitación y cuenta los pasos allí sí allá no y se desgarra y ve en las figuras del suelo un camino absurdo por donde se desplaza. Sabiendo que no hay vía y toma una la elige aquí donde elige donde antes no fue quien eligió para quedar fuera de elegir y por eso *Manfred* y Byron y Tchaikovsky y las líneas del suelo para quedar en una historia allá atrás dentro de un espacio cargando una Caja para armar una estructura.

Vaga por una habitación de libros con *Manfred* y Byron y Tchaikovsky. Es narrado. Mezcla una historia con todas en un lenguaje y un sonido para narrar eso que no es otra cosa que una Caja. Porque hay un pasado que quiere resolver llevando ese peso encima. Apartado quiere a partir de lo viejo de lo sentido que quedó atrás en la losa no pisada volver a sentir el paso de algo. Y arranca. Porque así ya tiene pasado para saber dónde pisar solo a partir de otros que se reconstruyen en lo que fue y no fue. Sin otros no hay referencias y no es. Por eso arma un desfile de personajes que fueron o son y serán o no serán lo que forme una parte y estará todo en la Caja. Por eso las pisadas aquí sí y allá no. Y quedar solo en un cuarto donde en el suelo plantea un mapa cuarteado de una soledad sin historia sin lenguaje sin sonido que solo a través de una estructura terminará dentro en una Caja no se sabe dónde. Así se arma a través de otros y se vuelve a construir para otros. Por eso el paso final por ser final de nada. Del final al principio. Da igual *Manfred* en los Alpes o en una habitación. Hace una disminución. Todo en la cabeza. Quita el cuerpo. Solo Caja. Hace una disminución. Como la que acaban de hacer con eso que ahora llama «peso», o mejor, «Caja», que carga.

Las losas

Pero están las losas de la habitación de aquel que se pierde. Las laderas entre las montañas dan un curso a seguir. Los árboles le acompañan. Algo se le ha roto. Sigue un camino y no lo tiene. Ya no busca. Explora en su cabeza. Y allí hay alguien más. Voces dicen la cordura y las sigue lo mismo que al camino. Va detrás de cualquier voz que lo pierda más allá de la ciudad y de las personas donde no hay ciudad que ver, personas que tratar. No hay voz afuera. Solo dentro. Su diálogo es monólogo. Se dirá y se responderá. Hay un crimen. Hay un castigo. Hay un acorde. Hay una forma. No hay otro. Un duelo. No un dueto. El de su misma voz. Se repite para escuchar algo, a alguien. No queda nada del otro lado. No hay otro lado. Hay la carga de una Caja. Y la arrastra a una habitación donde va de un lado a otro. Se arrastra. Camina sin dirección a paso suave, cansado. Entre las losas tampoco hay camino pero decirse aquí sí allá no para hacer que haya un algo. Salta de un cuadrado seguro a otro inseguro. Convierte los dibujos de las losas y las líneas del suelo en fronteras a las que sí se puede visitar-pisar, a las que no se puede visitar-pisar. Tiene un recorrido a lo largo de una casa y ve un universo. No sabe cuál es ni qué es. Al paso decide: aquí sí aquí no. Respeta el silencio para poder escuchar la música que detrás suena.

Hay algo roto en el suelo. No hay dueto solo duelo. No hay voces. Hace silencio para colocar en los sonidos las entradas. Entra un pie en un cuadrado del suelo. Aquí sí. En el indicado. Los dibujos del suelo son montañas y árboles. No hay dueto. Aquí no. Hay duelo. Mirar al suelo. Allí sí. Allí no. Las losas. Las líneas. Los dibujos. Sin levantar la vista.

Imagen de botiquín

Siempre ir saltando las losas hasta llegar a poner la cara en el espejo del botiquín cada día para mirarse de cerca con la Caja detrás / sobre / en / con lagañas pegadas a los ojos bajar la mirada y descubrir los labios y una boca hinchada con el mismo idéntico color carmelita de la madera pintada del botiquín cuando se simula que está cerca de uno mismo y está cerca del espejo y escucha pequeños ruidos crujidos debajo de la madera pintada con un carmelita idéntico al de los labios de una boca hinchada y eso que cruje debajo de la madera son comejenes ahí en otro plano ahí donde hay túneles que se abren con cada ligero crujir ahí en la madera lisa con vías que se comunican y donde avanzan bichos en pasillos en los que chocan sus cabezas o sus antenas y se identifican así con esa imagen en el botiquín y se identifica con alguien o algo que lleva un detrás / sobre / en / con / mientras se van construyendo y rompiendo y avanzando más y más túneles que dejan atrás más y más imágenes.

Afuera avanza la Caja lisa y carmelita intacta en su masa fingiendo un adentro en cúmulo de túneles y pasadizos para correr para huir de esta imagen de afuera de la imagen proyectada por todo espejo de botiquín falsa con una cara diaria bañada de carmelita liso firme falso reflejo subterráneo de madera hueca con una galería de siniestros pequeños bichos que avanzan demuelen con dientes y garras convierten todo en bolitas que por huecos expulsan y los dedos en sus ojos lagañas y babas que hacen cambiar la imagen para sostener la idea de un botiquín pegado a la pared.

Sigue el crujir de esos bichos que no paran de roer la madera allá cuando la cara se fue libre de lagañas y de baba y de imagen y se pierde cargando su Caja día y noche haciendo crujir sus

huesos y sus zapatos creando nuevos túneles donde termina
un día en nada donde chocan cabezas donde solo quedará el
miedo a que entre la luz en el miedo a ese asco de chocar bocas
o antenas (los túneles) fijo contra esa diaria imagen de botiquín
que esconde lo que hay debajo en ese túnel que se abre debajo
de la piel y de las palabras y de los gestos y por eso los saltos de
losa en losa para que sea siempre lo mismo y estar de frente a
una boca a fuerza de que se va a convertir en bolita que expulsa
por un hueco donde no entra un solo ojo ni un rayo de luz en
ese ahí que queda debajo oculto en la imagen afuera para estar
oculta en un túnel hasta que llegue ese día en que hará venir
abajo este espejo justo cuando no proyecte imagen alguna de
botiquín.

Volver a pisar

Uno vuelve a pisar donde ya había pisado con el mismo pie y con el otro pie donde había pisado hasta que en el suelo las líneas se confunden y ya no hay líneas y todo el paisaje del terreno se vuelve fango de pasos que pisan y pisan donde se había pisado para estar en el mismo sitio en soledad total pero que más adelante y después y allá donde no hay lo que antes hubo y solo lo que es hoy cuando uno vuelve a pisar donde ya se ha pisado.

Y es que estos pasos dados en una dirección se vuelven una línea que se estrecha en otra y el camino hecho en el suelo responde a un trazado de un mapa olvidado que se tiene en la cabeza cuando se vuelve sobre lo pisado y se hace lo que antes fue hecho con el mismo paso y con la misma fuerza con que anteriormente hizo y trató de pisar en el punto exacto donde había que pisar pero no hay punto ni lugar exacto en esta maraña de suelos vacíos ausentes de algo que invite a un punto sí a otro no tal como las losas hacen en el suelo y donde no se sabe cuándo sí cuándo no.

Y recae en el mismo paso en el mismo punto en la misma línea trazada ante uno y que uno ve ahí tendida y se dice que esa línea no la va a andar nuevamente y termina sobre ella en un volver a pisar dando brincos idiotas diciendo bien alto para que todos escuchen que uno sabía que uno no se ha equivocado que uno no ha recaído que uno no es de los que vuelve a pisar la misma línea una vez la ha pisado ya y en esa línea ha dejado un trozo profundo y oscuro de uno y sabe que en esa línea yace un muerto que hace mucho enterró justo ahí en ese tramo debajo del pie para verse más tarde arando la tierra con las uñas para sacar el cadáver de otro que nunca enterró y que

sigue intacto y que toma de las manos y mira a los ojos como a
la imagen de botiquín mientras en el suelo las líneas se borran
y ya no queda nada debajo de los pies.

El acosador

I.

En la Caja está el acoso. Aquí está el acoso.

Se ha construido un mito una mitología es y una vez que se le da un sitio a un mito y hay más de dos que creen ese mito el mito tiene lugar y es. La Caja existe para esta espalda para estos hombros entonces es. A la vista de esa de aquella de esta el acoso ha tenido lugar entonces es.

Uno se inventa un gesto. El otro no lo supone. ¿Cómo acosar lo que no se ve? ¿Desde dónde hacia dónde por dónde?

¡Cuidado!

Usar varios caminos para acosar. Un teléfono. Un mensaje. Un correo. Todo de lejos. El acoso tiene lugar desde la distancia.

Acosar es no estar presente y sin embargo es. Acosar sin que el acosador suponga que lo es. Acosar desde la mente del otro. Un acoso desde dentro del otro un acoso desde el pensamiento del otro. El acosador está dentro de la cabeza del acosado.

La culpa. El error. La verdad.

No dejarse ver de lejos no mirando desde un arbusto tras un tronco tras un auto tras unos espejuelos oscuros tras una ventana un muro una puerta un pasto un latón de basura ¡no!

Acosar desde la mente y entrar en la mente (lo mejor, sin que el acosador mismo lo sepa) y acosar desde allí.

Solo así el mito crece. Solo así el acosador… es.

II.

Acoso, rece, entonces, es.

«Si viene el coco cruza la calle, apártate del coco». El mito para que se sostenga es necesario no ver que el coco no sea que el coco no esté para darle el lugar de coco al coco no puede ser ni estar ni hablar ni mirar ni escuchar y solo así es. Solo en ese espacio de la nada la nada será nada y el coco será coco.

Entonces que así sea. El acosador entonces será. Detrás de una columna que no existe y que no está y que no es.

«¡Míralo ahí! ¡Corre! ¡Cruza la calle! Por favor, cruza la calle».

Entonces que así sea. El acosador detrás de la columna será o bajo el edificio estará o tras un árbol es. No estando oculto acosando estará oculto acosando. El no ser convierte en ser. Si no eres el acosador serás el acosador. Porque tienes una Caja porque quisiste y fuiste y eres y mantienes coherencia y lugar y un sitio y no deambulas y no cambias del árbol a la columna a los bajos del edificio.

«¿Qué hago cuando vea que me acosa? ¿Le miro y le digo?»

«¡No! Correr lo que debes hacer es correr lejos de esa Caja horrenda que carga el coco como un loco que es un loco y que hace su papel de mito de un loco coco que acosa».

Entonces, que así sea. Habrá que ser árbol y columna y bajos del edificio y ya está.

La mancha

Y en el dedo índice está la mancha blanca que parece vití-
ligo pero no lo es. Parece pero no lo es. Es la mancha de una
quemadura con vapor. Una olla de presión. El acosador tiene
una mancha blanca en un dedo que se ve desde lejos y cuando
acosa es visto con ese dedo blanco sobre el tronco del árbol
desde donde acosa y entonces es visto y recuerda mientras acosa
aquel vapor soplando desde una olla de presión en ese dedo
dejando un hueco del que no salió sangre ni nada pues fue solo
un hueco de humedad con un líquido que salía a gotas.

Fue marcado con vapor. Una mancha blanca en un dedo
para delatarlo. Pero como ni la mancha blanca parece vitíligo
y no lo es y lo que ha sido y que cree que fue nunca fue y esa
mano con una mancha sobre un dedo sobre un tronco de un
árbol parece ser el dedo de un acosador que no es entonces…

Notas sueltas

Porque en apariencia esa cara en el espejo de un botiquín es de ahora pero como es un cuerpo cargando una Caja donde todo entra y tiene un pasado donde lo que se ve en el espejo son los gestos que puede hacer donde proyecta una sonrisa donde hay solo el simulacro de sonrisa o donde proyecta una mirada solo el simulacro de mirada así mismo hay el simulacro de un pasado que cuando encuentra en una gaveta unos escritos hechos por el simulacro de alguien que en algún momento fue y que se supone que forma parte de ese simulacro que es hoy así simula un camino saltando las losas o quitando lagañas frente a un botiquín mientras escucha el simulacro de túneles de los bichos en la madera pintada del mismo color que esos labios en esa hinchada boca que simula que se interesa y se sienta y comienza a leer:

Hay un jardín

Ahí está el jardín como siempre ha estado donde siempre ha estado pero aquí no como antes imposible penetrarle nuevamente con este cuerpo en un espacio de pocos centímetros que separan la calle de la acera y fue en estos jardines donde se arrastró con otro cuerpo bajo las ramas de Marpacíficos de las terribles rosas espinosas de plantas de las que nunca supo nombres porque los nombres se confunden unos con otros del mismo modo que se confunden los hechos que estos jardines guardan hechos de todo lo que hoy queda disperso.

¿La primera captura de aquel lagarto luego destripado fue en este o en aquel jardín? ¿Cuál era el escondite favorito detrás de esta o de aquella rama? Pero a pesar de que sean las mismas plantas y el mismo sitio ¿son los mismos troncos las mismas espinas en estas hojas muertas aquí donde el espacio se confunde y no se encuentra el lugar el sitio en el que decir «fue aquí»?

Se capturaban los lagartos en este jardín y se destripaban vivos y se estuvo y no fue el único sitio donde algo se destripo vivo y se hizo demasiado cuando se arrastró sobre la tierra bajo las ramas para llegar a un frío y húmedo huevo oculto entre tierra y raíz entre hojas muertas y tronco y se rozaba con la punta de un dedo o se cogía a una cría confundida después de romper ese huevo y remover ramas bajas y levantar la hojarasca porque se perdió de vista algo que saltó como una flecha y eso podía ser la muerte.

Saber más recordar más pero se ha perdido en aquella imagen de jardín toda relación de zona y cómo y qué se puede decir entonces si tal vez solo a través del espacio de esa duda en el que en estos jardines se es un muerto y ya no se puede decir «ese fue» porque todo este espacio es una pintura borrosa que se descascara en una pared y solo produce polvo y hay que raspar y quitar y hacer desaparecer como un trozo perdido nunca fotografiado donde solo queda una memoria aislada que una vez revisada trae una imagen diferente que amplía y deforma el rostro arrasado y así poco a poco la forma física del jardín va siendo eliminada de imagen posible que no se podrá decir ni una palabra de esa foto nunca hecha.

(Ya habrá más adelante un trozo para las figuras que se dibujan en una pared)

Entonces se borran los rasgos los rastros como toda forma y todo gesto se vuelve relativo dudoso en aquel jardín que es un rostro que ya no pertenece a ningún lugar ya no hay quien se arrastre bajo sus ramas y solo el espacio físico impide que este cuerpo crecido dé al terreno del jardín una reducción que ha permanecido intacta luego de los años con ese cambio de memoria que se expandió perdiéndose en imágenes formas gestos que no son y que tal vez nunca fueron algo que se ha movido pero que al final sigue siendo jardín sigue allí con sus ramas aún precisas que se tocan se ven que nacen se estiran crecen y se secan y parten con un sonido seco cuando una presión las dobla.

¡Confuso!

Es este un jardín desierto de manos y cuerpos entre ramas donde la mirada va perdiendo formas imágenes y todo gesto que pueda ser algo para decir más adelante «este fue».

Atrás

Revisa atrás aquí y allá de la misma manera que pisa aquí sí y allá no y revisa una y otra vez mira por todos lados para buscar lo que quedó de esto sí esto no para devolver lo que quedó atrás y aún queda aquí en un hoy que aun así quiere quedarse con lo que quedó atrás solo por un instante aunque luego lo bote a la basura y un instante más se piensa alzando lo que se es atrás en ese esto sí esto no.

Y quiere dejar algo oculto en algún olvidado lugar de ese sitio no visto para que sea un algo que quedó atrás y que no ha sido visto descubierto y salga un día a la luz cuando ya es demasiado tarde para que sea devuelto a su sitio pasado y se tenga que tragar eso que quedó atrás y que no fue devuelto y que quiere botar y borrar y dejar atrás tan bien como la otra parte ha dejado atrás todo lo que tiene que ser dejado atrás que es todo para que no quede nada.

Y la Caja vuelve a entrar en juego porque la Caja carga todo lo que debe ser cargado y lo que no debe ser cargado y mete más adentro y se arrastra lo mismo.

Hay que tragar eso que mira de reojo remira de reojo y vuelve una y otra vez y que no quiere mirar y que no quiere dejar atrás y ya quedó atrás y hay que devolver pero no se puede devolver porque no se puede y ya no hay nadie ni nada que devolver cuando se tiene que quedar no debería porque eso que desde atrás le mira de reojo en su rincón aún no ha sido visto y remira de reojo y lo tiene que tragar y botar.

Porque las cosas siguen apareciendo una y otra vez una hoy otra mañana y no se puede botar todo lo que va quedando atrás y todo lo que quedó atrás ha sido botado y no se puede seguir recolectando lo que ya no sirve y que fue y que ya es nada lo que sirve y ya nada es porque es basura vieja inservible y hay que botar lo que fue para que no quede sitio en esta cabeza en esta Caja que todo lo guarda obsesiva para tener un día a donde mirar y poder ver un desierto en el lugar donde antes había algo.

Todo se debe detener para que no haya más lo de botar lo de dejar atrás lo de seguir lo de mirar remirar de reojo con lo de devolver y lo de esas cosas que aún siguen apareciendo y hay que poner en un lugar para poderlo tragar y que todo esto se pueda detener de una vez para que quede paralizado y se lo trague para por fin ser inservible.

El sonido que vendrá

Y se pregunta por qué siempre vuelve a ese sonido por qué siempre una recaída en el mismo efecto de trompeta en los momentos de mayor distancia hacia esa imagen de botiquín hacia ese que no es y que vuelve con un sonido que vendrá desde allá a lo lejos y desde aquí adelante aguardando tranquilo parado en un sitio de soledad para que le pregunten si está listo o cansado de huir de lo que toca el sonido que vendrá para siempre comenzar uno bajando la cabeza con una mezcla de misericordia angustia y resignación «Manfred» que dice un sí o un no para lo que aún no ha escuchado.

Y se pregunta si aprenderá algún día a largar todo y a quedar con ese de allá a lo lejos que va separado de todo ausente sin buscar nada listo para que ese sonido sea todo mientras se quiere que todo sea nada para escapar de lo que le toca en este lugar siempre pegado a uno en un lugar pegado a uno y que se pierde por otros sitios si deambula mezcla y arrastra el sonido apostando a otro lugar que nunca es y quiere hacer que sea otro sonido sea el sonido mientras lo que vendrá se cuela callado sin compartir nada en otros cuando se sabe que costará escuchar lo que sigue.

A veces mientras se pregunta levanta la vista hacia lo lejos y allá a lo lejos ve un sonido que levanta la mano y lo saluda y se resiste a mirar y aprieta el paso porque se quiere alejar de eso que le toca y por un segundo a veces de manera sorpresiva parece que va de mano con alguien y el sonido le pregunta quién es ese que le durará tan poco y le dice al sonido que no es nadie ni es alguien solo por alcanzar a decir algo que se desvanecerá justo en el momento en que se dice mientras se ve pasar y sonreír tan seguro de su mentira que piensa y no dirá nunca cuándo acabará el día en que deberá ser solo un instante diferente en otro sonido que vendrá.

Primera Caja suelta

Madera rota[*]

Georges Didi-Huberman coloca sobre un papel en blanco tres trozos de cortezas que arrancó de un árbol en Auschwitz. Busca una lectura, quizá una imagen que en los troncos de esos árboles aún se guarde, un testigo oculto, callado, y por eso, desgarra tres trozos de *cortezas*.

Los mira, colocados por él de izquierda a derecha, simulando un lenguaje, una narración, un texto. Los interroga con la mirada como a posibles testigos de la catástrofe.

Esa imagen está en mi cabeza cuando mis manos sostienen unos libros de madera que no son libros de nada, solo un título y un nombre, lo mismo en cada uno de ellos, debajo el nombre de una colección arbitraria que reúne un grupo de autores arbitrarios que se acomodan a una relación visual en esa parodia de libro, de autor, de colección.

Los tres trozos de *cortezas* arrancados por Didi-Huberman en Auschwitz son de un abedul, árbol, como nos dice, que forma parte de muchas historias de amor eslavas, idílicas, donde aparecen manos que acarician sus troncos mientras ojos enamorados se miran. La poesía del amor romántico se recuesta en ellos, abrazándolos.

Pero sus tres jirones pudieran ser testigos de muerte, del mayor horror, justo allí, en el lugar donde se cree que ningún humano podría poner su mirada o su mano para compartir un nuevo amor, un romance, toda una ilusión, porque allí todo eso se supone fuera de lugar, y tocando esas tres *cortezas* se puede, solo ligeramente y mediante la historia, suponer lo que en ese espacio sucedió.

---

[*] A propósito de *La Maleza*, obra del artista Lester Álvarez.

Los abedules no sobrepasan los treinta años, pero esos abedules polacos (y esas cortezas) viven más que en ningún otro sitio, alrededor de cien años. Metáfora de vida alimentada de muerte. Creer que son testigos, que contienen una imagen, que viven más porque han visto y no pueden olvidar, morir, y así suponer que pueden decir. Trozos-testigos, *cortezas* que han crecido más fuertes y duraderas, probablemente mejor alimentadas, resistencia sobre muerte, cenizas y carne, plomo y miedo, ya disperso todo en esas ásperas cascaras. Crecen hacia el cielo, ya despejado, sin humo, y dejan que Didi-Huberman les violente, a ellas, inservibles, que nada dirán, mientras las raíces trabajan debajo, chupan todo lo que esa tierra ha absorbido y aun absorbe para más tarde ofrecer tres trozos secos.

❧

Y en las manos madera, trozos de *cortezas* pulidas, elaboradas, cambiadas, *cortezas* que no son, y entre las tantas formas adoptadas llegar a esto que quedó olvidado, la lejana forma en su vida de árbol a la que estuvieron aferradas, para ser sustancia, para pertenecer. Cada una de estas *cortezas* que fueron parte de un árbol son ahora un libro muerto que no es, donde se dibujó y escribió la imagen de una vida en un libro que propone el más allá de la muerte.

Pero allá del otro lado hay una vitrina que nunca fue, sin pasado, un simulacro de mueble con un simulacro de historia y un largo lienzo que simula un telón, para junto a estos libros que no son formen una puesta en escena y esta historia de parodias. Ficción de vitrina (como las cortezas) que es a fuerza y bajo el propósito de demolición, de tirar abajo, solo terminar para que esa imagen de vitrina que cae haga mirar de reojo hacia los libros, hacia las cortezas, hacia cualquier gesto, buscando una parábola.

Todo se divide en actos.

Primero: narrar lo que hay en la vitrina, todo rompible y perteneciente a nadie, para que luego caiga y tenga lugar la destrucción de esa historia inventada.

Segundo: una confusa mezcla de títulos y nombres (como maleza) en una colección de libros, arbitraria, que tampoco existe, que no es, todo separado por un lienzo (telón teatral) que se estira ante los ojos contra la pared, lejana, que quizás tendría un mejor servicio si se colgara entre el lugar de la vitrina «muerta» y el lugar de los libros «vivos», espacio vacío que separa público de espectáculo, y sentir en la carne (¿en la corteza?) la mano que descorre esa cortina mientras pasan 60 años de un tirón, descorrerlos para pasar a otra cosa, ser otro *status,* un cuento de baja y sube el telón, donde se cierra una cosa y se comienza otra, y ser lo que se detiene y vuelve a comenzar para sugerir que algo ya no continuará.

Y están los libros que no son libros, esos desperdicios de madera que recuerdan las *cortezas* de Didi-Huberman que son por él madera trabajada, esperando su testimonio, mirándolas para que fueran algo, reconstruir una imagen, una historia, convertirlas en testigos, en narradores, en literatura, imagen puesta en el mismo sentido de la caligrafía, para leerlas y que digan algo, como estos libros que sean. Toda esta maniobra para «leer la mano», para entender el pasado.

Así, los libros de madera que no son no tienen una relación anterior en una vitrina que simula una muerte, una destrucción, un pequeño horror, una muestra de coincidencia en lugar y tiempo, un ser una misma cosa donde todo se aleja como huecos en una historia, libros que le hacen un guiño a las *cortezas* de Didi-Huberman.

Madera trabajada. Las *cortezas* de Didi-Huberman son miradas para encontrar una palabra, que digan algo, que «pertenezcan» a una historia y a un lugar, convertirlas en testigos, en narradores. Estos trozos de madera hacen ver en su forma un libro que no son, que perciba en sus superficies y en sus colores una historia que nada va a transmitir, en la mayoría de sus casos, de un mueble (¿una vitrina?) o una forma cualquiera que ya no existe, un uso para que esta madera llegue a cualquier mano y entre los dedos se sienta que algo no ha quedado extinto.

∽

Lo que hoy es entre las manos todo trozo de madera, sean *cortezas* o libros que no son, se desconoce, tanto como esas manos mañana en otra madera. Formar parte de algo que no quede atrás, inalcanzable, y ayudar a mantener en pie una empresa a la que nunca se pidió pertenecer.

Las manos sostuvieron el peso de alguien en un sillón o una silla, poniendo o quitando un florero, un mantelito en alguna mesita, limpiando un cristal que apretaba fotos de familia en una cómoda, ajustando un espejo que cuelga de una pared. Entrando en contacto con algo que en un momento leve, mientras existe, invisible, sirve para sostener la mirada y creer que se puede agarrar o sostener apenas un cuerpo, sobre un papel, colocado, simulado, y narrarlo todo, igual que estos libros que no son, ojo anciano que mira sus manos dándoles vueltas de un lado a otro, a un dedo que con los años se ha doblado, obstinado, silencioso, y tratar de descubrir el momento de ese dedo, de esa mano, en el cuerpo que poco a poco deja de ser, y preguntar qué parte se puede aún narrar con esa imagen suya, con el lenguaje de una *corteza* que no dirá nada, o de un libro que no es un libro.

LO QUE PARECE[*]

> Solo aparece lo que antes fue capaz de ocul-
> tarse. Las cosas ya captadas por su aspecto,
> las cosas apaciblemente parecidas no aparecen
> nunca.
>
> Georges Didi-Huberman, *Fasmas*

Para llenar el Vacío que vendrá, esto.

¿Cuál? ¿El que ocupa qué? ¿Quién? No se sabe. Será el que vendrá. Literal. Será lo mismo que poblar la imagen que en este suelo se ha vuelto polvo (míralo ahí bajo tus zapatos limpios), donde se dispersarán las imágenes que ves y que se alzan sobre ese polvo, esas imágenes aun creídas y alargadas bajo Luz de Neón.

Aquí todo signo es posible para generar un hueco, todo termina en el túnel oscuro del siguiente anuncio, oculto bajo el polvo.

Igual allá afuera. Donde lo que aparece se oculta. No se ve. Se está nublando la vista de ver lo que no es, cosas que no aparecerán nunca. Ver lo que se muestra y que se tacha en la risa de la histeria colectiva.

Esas palabras escritas sin nombre (¿el nuestro?) para un ojo, donde todo se mezcla en el griterío de unos pájaros cada tarde a la caída del sol, cuando la Luz de Neón anuncia que vendrá lo que no se ve y lo que nunca aparecerá. La presencia se disimula detrás de esas letras, de su imagen diluida en polvo bajo tus pies (ya tus zapatos no andan tan limpios).

---

[*]   A propósito de la exposición *It's useless*, del artista Luis Enrique López-Chávez Pollán.

El polvo escala, lo ocupa todo, estará hasta que apestes a él, a los que se dispersaron bajo las imágenes que allá afuera nunca aparecerán, donde ya esperas diluido en él, pisado por otros zapatos que vendrán a este juego de dispersión de imágenes.

Al final, hay que recostar la mirada en el túnel Vacío que cae y lanzar el ojo hacia abajo, allá donde termina lo que parece, lo que hay oculto detrás de una imagen, de esa presencia, de esas palabras donde se cae y no se aparecerá.

Y sin saber cómo por una extraña cadena de sucesos y relaciones a la Caja van a parar un montón de libros y entre ellos un extraño oficio de perder donde recuerda que «los muertos no piden permiso para entrar» ni siquiera en una Caja que se mueve y se conmueve y que sigue y que cree que avanza mientras asume cada curva hacia la izquierda hacia la derecha incluso curva hacia arriba para que tropiece se cae se levanta se sacude un poco se mira los magullones y anda o lo que es lo mismo cree que avanza con una extraña cadena de sucesos como estas letricas que la Caja escribe bajo la influencia de esas otras letras de un muerto que entra a través de extraños sucesos pues no necesita permiso para entrar y entra y sus letras (así mismo, letricas contra letras) son metidas a empujones en ese oficio de perder de otras letricas que se ven influenciadas aplastadas consumidas a lo minúsculo por el peso de lo que realmente son «letras» y que son esas que por la cadena de extraños sucesos llegaron a la Caja para a la fuerza ser las de un apestado que bueno en ese libro firmado hace que sumen dos apestados y la Caja no tiene ni el privilegio de ser ella misma una apestada con sus letricas que si se sigue la cadena de extraños sucesos el número siempre va a ir hacia arriba en aumento donde ¡ah, el derecho que se reservan! es el derecho de los no apestados a decir «este sí, este no» para por supuesto ellos ser nunca apestados pero donde estas letras de los oficios de perder van en el lote de las que lo son pero donde hay algo que la Caja no entiende no quiere entender no va a entender nunca para que eso sea solo lo que significa un libro lleno de letras para esta Caja que ahora escribe sus letricas influenciadas aplastadas y entren en el catálogo de lo que es sobre una montaña de otros libros otras músicas otros cuadros otras Cajas llenas de muchas otras coincidencias llenas de extraños sucesos (para decirlo con el tono del que escribió con «las letras») y que todo lo que le zumbe al mango del que hace ver que en todos está ese oficio de perder que han metido y sacado del país total Caja como si fuera lo mismo que cuando la Caja (ahora esta escribe letricas) queriendo que le zumbe su mango mete o saca como se le antoja a uno otro cualquiera que mete o saca de su propia Caja lo que se le antoje y cuando le zumbe pero donde nadie tiene un mango que se zumbe a todo y que diga quién es el que tiene el definitivo oficio de perder para que alguien y nadie y todos a paso redoblado puedan meter o sacar del país total Caja lo que se le antoje y cuando le zumbe porque se siente que cuando se mira ese rostro en el botiquín cada mañana y escucha cualquier trozo de basura lo real que hay que salvar y meter en el oficio de perder es que hay un horror general donde se quiere que eso sea esto y no aquello que la lista de los fantasmas de ese país total Caja sería capaz de llenar en un vacío construido poco a poco y a puro golpe de a los que le zumbe y de acuerdo a lo dicho con su determinada letra (no es un ejemplo sin poder) para por eso mientras uno escribe con sus letricas avance por ese enorme oficio de perder que se lanzó a todos por la cabeza del país total Caja de cada uno y de todos y que se va entristeciendo cada vez más mientras más letras son más vacíos son en un agujero negro que crece a medida que cada Caja aparece y dice lo que hay que defender según a ese le zumbe cuando se encabrone y se vea que le zumba y en el momento que se escriba con letras de verdad en la mentira de este espacio más agujero que negro que crece que entonces la Caja sigue ese oficio de perder mientras tropieza cae se sacude el trastazo y mira el rostro de ese decir que hay que salvar el país total Caja con cara de yo no fui y de quien avanzó cada mañana borrando aplastando sacudiendo a todos los que tuvieran un oficio de perder seguro con unas letras tachadas con letricas. Como estas.

Quedar donde no se está

Más que para una Azotea, a su Fantasma

Se borra

¿Qué es esto que hay hoy?
¿Qué quedó?
¿Por qué este silencio donde solo una voz ronca y cansada se oculta bajo una distancia querida y odiada a la vez?
¿Qué es esto en esta altura que se borró?
¿Qué es esto que hay hoy?
¿Qué quedó?

Mirar y ver en cada espacio lo mismo: ese abandono que aquí corroe la materia y la carne y los huesos y los escombros… los sonidos y la escucha / las palabras y su escritura / las miradas y las cosas / los ruidos y el silencio / el tacto y el objeto / los olores y el olfato / los gustos y los sabores… / esto es un hueco que talla en cada sitio raspando hasta el polvo que se desprende al final para penetrar con paso ciego y mirar y no ver nada.

¿Qué es esto que hay hoy?
¿Qué quedó?
¿Quién quiénes dónde y cómo es posible borrar lo que antes fue y hoy dejar una nada sobre cada mano y una voz y una mirada en este hueco?
¿Qué es esto que hay hoy?
¿Qué quedó?

El lugar

En ese sitio en esa altura en esta madera roída por el comején y los años y este sol que derrumba todo en la gente que iba y se tiraba por los rincones y se leían letras que construían en sus soledades y que aquí en esta altura querían aliviar de ese afuera que aún está ahí solo que más fortificado por el deterioro que avanza a medida que se cae en pedazos ese allá arriba en la altura contra el hueco contra todo lo que en este sol duro y seco tala y penetra y consume en la piel.

Iban y se quedaban y se leían y se acostaban y se odiaban y se querían y quedaban en ellos las palabras que unían para armar esas frases que decían como único diálogo posible contra la caída y lo que no querían que fueran por eso vistos en la calle allá abajo desde esa altura mientras el peso de una retórica ablandaba todo.

Las palabras

A través de ellas venía todo y con eso se armaba un látigo con el cual golpear al otro que siempre era otro igual debajo aplastado ablandado consumido en un posible ser deseado y querido para escuchar y decir lo que era buscado y donde se habitaba un espacio lleno de palabras para la confrontación y la empatía unidas en el mismo esfuerzo y protegidos de eso que allá afuera golpeaba con otras palabras que no podían escucharse ya de los años repetidos bajo el mismo sol y el mismo pasado y el presente y el futuro y la realidad que convertía los actos en una nada tiesa que se colaba por las rendijas donde a esa y en esa altura todos eran agrupados y eran la resistencia a lo que una vez afuera los atrapaba y desclasificaba para dejarlos sin palabras a ellos a todos en masa.

La amistad

¿Y qué era eso? ¿Qué se construía?

Hoy quedan telas colgadas de las puertas y ventanas en jirones que no baten si hay viento porque nunca lo hay o aun si lo hubiera mientras los ojos buscan por los rincones y descubren una voz trabada en la construcción de una frase ahí metida en su hueco ya mellada por tanto intento en conservar una relación con el otro que nadie podría conservar porque eso allá afuera que empujaba a caer era más fuerte que cualquier ilusión allí arriba donde cada vez más y más eran la amistad y donde solo quedan ahora jirones que no baten contra el viento en caso de que alguna vez lo hubiera porque nunca lo hay sobre todo mientras los ojos buscan en un rincón una palabra para trabar una construcción y definir a qué le pueden recordar aún esos fantasmas en ese jirón tieso en esa esquina.

Pues, al final, si el viento bate alguna vez, ¿qué era eso? ¿Qué se construía?

Los años

Por ahí andan los años tirados por las esquinas como lo están los que alguna vez estuvieron y se fueron y no quedó nada de ellos donde antes sus voces discutían y decían esas sus palabras construidas para buscar una forma una estructura una individualidad que solo es una ilusión que al pasar los años se deteriora y se cae y se esparce en el suelo de la misma manera que esta casa o cualquiera o una persona o cualquiera que busca su forma y su estructura se deteriora poco a poco hasta caer mientras dice las palabras que le derrumban frente a toda pared.

Las casas se construyen como se construyó esta o aquella o ese edificio o aquel para que llegue un momento antes o después siempre en su justo momento ese momento en el que cae todo ante la vista de los que construyeron esas paredes o ante ninguna vista en silencio una caída como una persona cierra los ojos y deja de ver este sol para deconstruir o no una vida que ha ido a parar a otras paredes o no y ha ido a parar a nada y ve de lejos el espectáculo de esa casa que una vez construyó o que nunca construyó pero que habitó mientras los amigos y los familiares y los que no eran amigos y los enemigos venían y leían sus palabras construidas y ya nadie viene a leer nada.

Los años tumban todo lo que alguna vez fue y dejan todo en el lugar en el que van a parar y que no es el que es porque solo es donde van a parar a veces sin que nadie sepa porque paran donde paran pero ahí es donde se detienen y donde terminan de ser esos que arman palabras y buscan formas de decirlas que nunca encontraron.

Aquí la música terminó

Todo lo que alguna vez sonó se detuvo para siempre ante la huida de eso allá arriba que dejó un hueco mayor al que ya hubo desde antes cuando no había nada levantado contra la altura y el aire que paciente esperaba a que los jirones quedaran en las ventanas porque siempre quedan jirones detrás de las ventanas y el polvo es tan paciente como el viento y aunque suenen las notas de alguna sonata el silencio es también paciente y el viento el polvo y el silencio terminan tragándose todo lo que aquí alguna vez se alza contra la altura buscando un refugio contra el sol para ahogarse dentro de un hueco y buscar la resistencia en una nota como en una palabra es un acto diario de cavar en esta tierra seca un hoyo profundo con una tumba al final.

Entonces…

Entonces…
Se borra el lugar las palabras la amistad los años
Aquí la música terminó
Entonces… alguien queda donde no se está.

(Aquí la primera Caja suelta se cierra)

Segunda Caja

Los animales

I.

Antes había animales que cuidar que buscar que proteger que esconder que darles de comer a los animales. ¿Dónde habrán quedado los animales? Tendrán sus propias Cajas.

Eran un grupo de ellos de acá para allá que iban desde cucarachas malas a reptiles buenos que comían mariposas y arañas inservibles que iban solos de allá para acá. Eran un espacio entre uno y otro y allí avanzaba hacia ellos porque eran un grupo que ya no está y que ahora es un pedazo de locura estirada sobre el suelo de un sitio que no tiene cómo valerse.

II.

Había animales muchos muertos como esto muchos vivos que se dejaron morir de hambre ¡qué experimento! para ver la muerte y la muerte en esa casa era ocupar todo y matar en un acto callado muchos muertos de sed o justo cuando comenzaban a vivir se mataban y uno bajaba a buscar moscas dormidas entre la hierba que mataban los lagartos que mataban de hambre y todo se murió al final ¡qué experimento! dejar morir a un animal y cuidarlo a la vez y ser bueno y protector y ser malo y asesino de animales y querer ver la muerte y oler la muerte y uno un ser ahora un loco con una Caja de un sitio a otro y el que dejó que esto no se viera y era grande y no había donde esconderlo y pasó lo que tenía que pasar que todo el mundo ahora pasa por al lado de la Caja y la mira y no la mira y uno mira a los ojos y nadie mira a sus ojos y sigue adelante con sus Cajas cuando antes había animales muertos como esto.

III.

Hubo uno que quedó. Quedó en medio. Solo. Un lagarto mustio con un destino justamente mezclado con el destino de otros, de dos. El destino de ser lagarto dependía del destino de sostener la Caja aún.

Sea verdad o no ese lagarto solitario mustio nunca se soltó en un bosque que no es. No más moscas en la hierba de noche para echar. No más pañuelo afuera ni lengüita tomando agua en gota sobre hoja. Muerto está en el fondo de una pecera que ahora está seca en el fondo de una Caja.

Excrementos

Inodoro. Piensa.

Si uno entrara ahora, aquí, en inodoro, ve que estuvo y pensó y sonrió y dejo su excremento así uno su excremento así otro su excremento pero en este inodoro lo cierto es que pocos excrementos han bajado para irse a sentarse al mar o bañarse en el mar y ver el atardecer.

Un punto que se vuelve excremento.

Eso es francamente asqueroso. Ser. Haber sido. Excremento.

Ahora lo que fue solo eso, un trozo bañado por unas goticas.

La Caja sentada a su alrededor.

Cada día. No. Tal vez un día sí y un día no.

Imagina del otro lado.

También hay un mar de excrementos apresurándose para poder ver un atardecer en paz entre olas y un muro y la ciudad detrás y el mar con oleaje o calmo al frente con luna o sol cayendo en el mar todos juntos revueltos y siempre la prisa de ser para no perder el momento.

Allí del otro lado también un inodoro donde una vez fue.

Un día sí y un día no.

Y desde allí dos hicieron su aporte cotidiano a ese mar, desde cualquier punto con eficacia burocrática.

Ahora aquí del otro lado otro recto se sienta y aporta su demasía porque es un recto más recto un recto nada poético y más bien digamos hasta con miedo digamos un recto político. Porque digamos todo bien claro, recto joven más recto en fin. Y ese recto más recto se sienta en lo que fue su inodoro y suelta

su excremento joven y revolucionario y lo lanza al mar para
dejar su muestra y salir corriendo a ver el atardecer con esa otra
que mezcla los rectos jóvenes con los viejos y los amargos con
los revolucionarios y no sabe si cualquier recto por ahí algún
día llega a parar a este inodoro donde la Caja se sentó y otro
por ahí siempre diferente y nunca amargo y viejo sino joven
revolucionario y sobre todo recto llega a sentarse y poner sobre
su excremento su correspondiente gotica.

Abrir los ojos. Aun inodoro. Ni piensa.
Terminar. Que si alguien entra, como siempre, liquida todo.

Dedos

una mano que no es en un cuerpo que no es y no fue donde
la mano se coloca al extremo de un brazo y donde los dedos se
colocan al extremo de la mano y todo se une a un cuerpo con
una cabeza que esta vez no fue y que se cortó de cuajo con un
tajo familiar y médico cuando lo que venía no era perfecto pues
tienen que haber cinco dedos hay cuatro o seis

una mano que no crece y que no se gana un espacio pues no
es perfecta y donde tienen que haber cinco dedos hay cuatro o
seis troncos secos contra un cielo gris que se estira

una mano en los dedos pegados a un cuerpo que nunca será
por un corte familiar y médico que se queda

en un pomo de formol una y otra vez el ojo médico nunca
familiar para que una mano sea de cinco dedos y no de cuatro ni
de seis y que lo que no es no sea nunca corta que te corta de tajo
en tajo todo lo que no es perfecto y que no sea ni nunca se dé

un pomo de formol con una mano con unos dedos deformes
que no se cortaron y que nunca fueron

El suicida

Y como a la Caja va todo y sigue siendo cargada le van sucediendo cosas que van a parar a ese reguero de hechos y objetos y palabras y ojos y gestos donde todo se mezcla y cubre hasta que estalla una bomba en que todo lo que se mete y mete sin parar un buen día se va bajo un puente y se sienta en un banco bajo un puente y tiene un romance bajo ese puente para dar un toque nuevo y meter dentro de la Caja algo nuevo que sea romance porque siempre es viejo y eso formará parte de otra Caja en donde mete todo para formar parte de nada en ese romance que se cree que es algo.

En ese parque hay un romance y vive y recrea y crea y destella en el aire y se alza sobre el puente y sobre lo que ese puente sostiene por donde pasan autos y personas y donde mientras besa y besa mira de reojo hacia arriba a ese puente y los autos pasan y las personas pasan y ese romance se sostiene sobre la distancia que hay entre el puente y ese banco y un vacío que los recrea y crea y ese vacío es la medida exacta de cuanta separación es posible entre el allá afuera de los autos y las personas que pasan y donde el mundo puede ser posible y nunca es posible y no que sea una distancia dada en el vacío que hay en todo.

Después sabe que no sabe quién es quién y se ha usado ese vacío para separarse de los autos y de las personas de otra manera tirándose del puente para abajo para ese banco para el romance de cabeza y reventando contra el asfalto justo donde se recreó y creo un romance que se usó contra el vacío para separarse de alguna manera de lo que ahora otro usó para reventarse de una buena vez y hacer de los que estuvieran sentados en ese banco un hecho para echar en sus correspondientes Cajas si acaso tienen.

Entonces la Caja no sigue siendo arrastrada a ese banco de nuevo a ver recrear y crear un romance separado por el vacío que hay entre puente y banco a todo lo demás que cargan las Cajas de los autos y las personas sin ver venir cayendo a ese que reventó su cabeza contra el asfalto para terminar de echar cosas y objetos y gestos en su Caja y hacer que ese romance sea nada y quede resuelto en un espacio separado que nunca fue.

Gavilanes

Por aquí:

Una exposición. Personas. Muchas personas. Miran las piezas. Caminan. Se detienen. Hablan. Se saludan. Toman un sorbo de sus vasos plásticos. Hablan. Más que todo hablan. Y se ríen.

Esta escena ya ha sido vista. Casi se puede decir que cada nueva exposición parece una vieja en que todas se repiten. Como las personas las mismas personas se repiten. Dicen también las mismas palabras para definir su opinión acerca de las piezas si dicen algo aunque sean siempre diferentes.

Por allá:

Al otro lado de la ciudad, sobre una palma, está posado un gavilán.

Cada día pasa horas en el mismo sitio de esa palma y en dependencia de la posición de su cabeza se puede imaginar adónde mira. Cuando su cabeza termina en un punto (su pico) mira hacia la derecha o hacia la izquierda. Cuando se ve la perfecta redondez de su cabeza mira hacia atrás o (la mejor mirada) hacia adelante hacia quien le mira.

Por aquí:

Hay un banco en la exposición. Uno se sienta. Solo. También sorbe de su vasito plástico. En una exposición se forman grupos que hablan y ríen «cuadran» hacia qué sitio ir luego de «esto». Y hay uno solo que piensa en un gavilán. En su palma. Solo.

Allí parado por horas. Cada día. Y uno no está en la exposición. Mira a las jóvenes hermosas risueñas. Mira a los jóvenes hermosos que hacen reír a las jóvenes. Todo está en su sitio donde debe estar. Incluso uno que está sentado en un banco pensando en un gavilán.

Muchas veces se miran el que está en la exposición y el gavilán. O eso cree el que está en la exposición. Entonces la idea de que se miren hace que construya miles de relaciones. Son dos solos lejanos que se miran. Un gavilán y una persona que se miran separados por cien metros por una avenida por la diferencia de un balcón y una palma. Solo eso los separa piensa no que uno sea una persona y otro un gavilán.

Entonces uno se levanta de un tirón y dice que es suficiente y se marcha. Sale a la calle atraviesa una dos tres calles todas las que lo separan de su refugio del balcón del gavilán y allí mira cada día a los ojos del ave para creer que le mira de lejos.
La exposición queda atrás.

El gavilán pasa horas posado sobre la misma penca. El viento lo sacude abre un poco las alas se equilibra pero no se mueve. Cae una leve llovizna no se mueve. El sol no se mueve. El frío ahí.
De pronto sin explicación abre las alas y vuela se va abandona pasea chilla desde lo alto contra el sol. Comienza a subir.

Sus alas su pico y su cabeza se transforman poco a poco en un punto negro. Hasta que ya no está.

¿Dónde está? ¿En qué momento?

Por aquí:

Entonces uno se sacude y sale a la ciudad buscando. Camina. Va a exposiciones habla hace reír alguna que otra vez uno mismo ríe y sabe que siempre habrá un banco para uno solo donde se encuentra con el gavilán y construye una relación con eso que está del otro lado distanciado para que en un momento y siempre ese momento llega se sacuda de todo y retorne.

Ese momento exacto uno conoce que será que va a suceder. Uno sabe que ahí está en esa exposición aguanta unas horas mira hacia otro lado hacia aquel otro lado y siempre en un segundo vuelve la mirada sorbe de su vasito plástico se levanta y se va. Uno ya no está. Uno se aleja contra el sol hasta convertirse en un punto negro. Y desaparece.

¿Dónde está? ¿En qué momento?

Segunda Caja suelta

Hacer cajitas[*]

Ella hace cajitas. Pero no son exactamente cajitas. Diciendo que hace cajitas el ojo que mira la lleva a su propia manera de ver esas construcciones que hace: porque les recuerdan a Lorenzo García Vega, su obsesión por las cajitas; o a aquel homenaje de Charles Simic en *Alquimia de Tendajón* a ese otro obseso por cajitas, Joseph Cornell, al que Lorenzo a su vez amaba. Todo mezclado. Y es el ojo, porque para empezar ella ni siquiera hace exactamente cajitas.

¿Por qué el ojo ve en esos espacios que ella hace, en esas maquetas que no son cajitas, a Lorenzo, a Simic y a Cornell? Todo reducido para ver bien de cerca, para que el ojo se haga una idea. Construir espacios vitales. Encierros. Vacíos donde no hay restos de nada humano pero donde solo lo humano es para ser un espacio de su invención.

Por eso el ojo de la Caja se ve habitando allí, construyendo un sitio similar a ese, otra cajita, metido en ese sitio para llenar una vida y al levantarlo darle una coherencia, un área específica, unos límites precisos, un saber que dentro de eso que «se es» y que allí hace, actúa. A la vez que arma esa solidez física arma también un paisaje mental que lo atraviesa, toca, interactúa con él y da una finalidad a sus pasos.

Esto hace el ojo mientras mira «eso» que ella construye y piensa que son cajitas que ella hace tanto como él, como Lorenzo, Simic o Cornell, como todos en fin. Esto podría llamarse razón, la cordura que establece un conocimiento exacto sobre los actos y las cosas para ejecutar la lógica de una vida.

---

[*] A propósito de las maquetas de la artista Linet Sánchez.

Pero el ojo entra en pánico. Nota que a medida que ha levantado esos espacios, esos vacíos, buscando cada vez más la construcción de una cajita perfecta y organizada, más se acerca a un límite que no puede percibir, y se halla allí donde comienza la locura y termina la razón, esas paredes realmente separan un vacío de otro.

Las paredes levantadas comienzan a chocar con el lado desconocido de allá, ese otro lado, y el ojo pega su oído en cada pared, tantea, olfatea, busca con la esperanza de encontrar algo o alguien que le comunique otra cajita, otro hueco. Intenta salir, abre rendijas, mira a lo que está afuera de esa cajita impoluta que ella ha construido.

Al ojo, de nuevo, se le acercan Lorenzo, Simic, Cornell. Tantea en ellos, en sus cajitas con su Caja. ¿Qué verdadera diferencia hay más allá de que esta cajita que ella hace no tiene nada y que las de otros están abarrotadas de trastos? ¿Es necesaria la visión de tarecos para suponer una huella humana, la memoria, el deterioro, el silencio y el vacío? Ese vacío no le llega al ojo solo por la ausencia de objetos, el vacío está dado por nada, por ausencia. Tanto el destrozo y lo sucio, como la asepsia y la blancura, provocan la misma «tierra baldía» acompañada de una imagen borrosa cuando se deja de mirar hacia adentro del espacio y se busca afuera.

¿Cómo salir y ver al otro lado, tocar otra cajita?

En medio de todo esto se ve como un «innombrable», sembrado en el centro de todo lo construido, una casa, un cuarto, una ventana, una vida. Y el ojo nota que lo que ella ha construido desde la razón, palito a palito, sin dejar mancha alguna, ocupando todo de blanco, fue también levantado desde la locura, y nada es lo que realmente se le muestra porque todo se ha creado para ocultar lo que hay afuera, otro espacio, para engañar y quedar así, invisible en la asepsia, innombrable y solo, callado, luchando por darle coherencia a un espacio hasta la locura, a cada motivo que queda disperso entre los límites de las paredes blancas de una cajita que simula lo que se es.

Ante una imagen

Primero. Ante un metro de pared

El ojo busca «eso» que está oculto allí donde mira. Ciego, busca en lo que ve una forma hecha en su memoria, unas líneas y un pasado preciso.

El juego de niños, con sombras, con nubes, adivinando una forma, educa al ojo para borrar el caos, para lograr la lógica, buscar «eso» para poder «ver» en un sitio en el que tal vez no haya nada.

Descubrir una forma en lo que cae al suelo, en la basura barrida, en un manojo de pelos cortados, en unos cristales rotos, en la hierba, en la palma de una mano, en una pared. Buscar. Buscar incansablemente una imagen que coincida con otra. Hacer un macheo de lo que está ante el ojo con lo que está dentro en la cabeza, reconstruir y armar, dar un valor a «eso» ahí delante, a una pequeña fracción de nada para así «ver».

Entonces, en un metro de pared, buscar. En un metro de pared destrozada, ahí mirar, descubrir. Mirar por años, día tras día, pacientemente, a la búsqueda de imágenes en ese caos de rasgaduras en los ladrillos, de grietas, de pinturas descoloridas, de polvo, de destrucción, tratando de hacer coincidir lo que se ve con algún dibujo en la memoria, dar explicación a un espacio que no nació ni del orden ni de la lógica.

Así aparecen las imágenes, se esparcen ante la mirada y se proyectan hacia adentro, en ese almacén que traerá una forma que compagine, que machee, que dé una respuesta al desorden.

Ante los ojos un metro de pared se extiende.

¿Y para qué hacer coincidir? ¿Por qué esa obsesión de hacer que el caos de una pared destrozada sea posible a través del orden? ¿Para qué servirá convertir esa línea torcida en un ave que sobrevuela la noche, una línea discontinua que termina en un rostro oscuro, una figura humana adolorida en una cima, unos peces, un cielo con sol, un extraño ser subiendo una cuesta, un ratón, o, finalmente, un rostro abrumado que retuerce su boca mientras otros rostros lo aterran?

¿A qué esta lucha de una lógica de imágenes sobre un caos?

Esa última imagen, ese rostro en crisis entre otros, sería la imagen final, resumen de esa ansia por hacer coincidir un mundo caótico con uno lógico. Ese sería aquel que quiere «ver» en ese caos que se abre ante él y que busca referencias, una historia, un sitio que defina comodidad, un asidero ante «el desastre», que «lo arruina todo, dejando todo como estaba»[*].

Pero, ¿se está siendo demasiado serio con un mero juego de miradas en busca de una imagen que sea capaz de explicar una mancha o un hueco, una zanja en el cemento o en un mero ladrillo sin explicación ni lógica? Toda imagen tiene que ser otra ya existente, viva, explicada, sostenida.

Todo en la cabeza. Las figuras de afuera ya no están ahí. Toda línea es armada, convertida en una curva «razonable», porque nada lejos del ojo puede ser.

Así, con algo que no está, se construye una imagen arbitraria que sin querer llega al lugar donde se contiene todo para existir.

Esa figura no estuvo, no está, no estará. Pero se equipara a otras formas para tallar con la vista, con el recuerdo, buscando en un catálogo de imágenes en el que se persigue más hacer coincidir que ese solo mirar primero, perdido ya definitivamente.

Se pierde uno en la imagen. Se pierde en colores, líneas y curvas. Y termina en esa Caja llevada al hombro, que contiene todo. Se mira y se es mirado en vano. Solo se ve lo que se carga, y al final parece no haber nada más que vacío en ese almacén.

---

[*]   Maurice Blanchot, *La escritura del desastre*.

¿Qué se levanta ante un ojo? ¿Qué se puede construir sabiéndose tantas miradas? ¿Cómo hacerse de una novedad ante ese contorno que se borra al menor contacto de pupila?

No puede. No se puede. Ya no hay posibilidad. Demasiado peso. No hay posibilidad de ser solo un «eso» sin equivalencia.

Aquí, donde se ha construido un lugar para proyectar «eso», queda la idea de su soledad y su muerte, y se naufraga en el intento. Aquí habrá algún metro de pared que rodee un espacio vacío, ya sin sonido, sin gestos ni movimientos, un metro, un cuadrado cerrado. Y solo así, en la ausencia que busca «eso», una forma precisa, perfecta, en el vacío de imagen, se estará rodeado de lo inhabitado, donde se deja de ser «algo».

Los intentos de crear «formas sabidas» en una pared, ese buscar una imagen en las nubes o en las sombras, es el fracaso, la soledad y la muerte construyendo una relación que no ha clamado ser instituida. Ese querer «ver eso» es la angustia en el texto *Compañía*, de Samuel Beckett, que aun a sabiendas de que nunca será, se pide y se insiste que exista, para que se haga lugar «la creación», esa «palabra mágica tanto de la religión como del arte, la palabra que redime todos los males»[*].

Segundo. Ante un edificio

Aquí no hay juegos con imagen, no hay parte que quepa en una foto. Aquí se pierde el objetivo y el ojo, en el todo. No hay detalle. Se rompe cualquier posible construcción de algún rasgo ante la demasía. No se puede «ver» un «eso». No hay juego de niños.

¿Cómo sería posible para una finita mirada buscar en la enormidad la «creación» de una imagen? Al parecer ante «el desastre» el juego de niños, con sus sombras y sus nubes, se

---

[*] Georges Didi-Huberman, *Arde la imagen*.

desplaza a un rincón. Su lugar lo ocupa lo general, el cúmulo que irrumpe para dejar en silencio lo particular y que las imágenes se presenten como soledad y muerte, así todo ojo se torna patético y trágico.

En este enorme sitio de mirada perdida, que a diferencia de una pared hace de muestrario de historia, de lo social, de rasgo humano, el hecho de armar un juego de imágenes con su sistema de símbolos, es una trampa para que el ojo se pierda y se convierta él mismo en una especie de diminuta pared observada, tan frágil como la inocencia primera que arma líneas en lo irreal.

En esta acumulación de paredes, techos y suelos, se presenta el caos total que solo se preveía en una pared de manera parcial; ahora estamos frente a lo infinito de la destrucción. Los grandes espacios caídos, las paredes colapsadas, una historia oculta detrás de todo este vacío donde se posa el ojo nos parece, mientras se avanza, que cada ojo ha sido arrancado de su lugar para quedar imposibilitado de vista y caer.

Por esto, poner un nombre a un gesto, a una imagen, a una «obra», ese encierro, se antoja crimen. Se tendría que borrar todo, quedar sueltos, atravesar «esto» a sabiendas de la orfandad, de que a pesar de ser ojo aún clavado en uno, ya ha sido arrancado del suelo, con la paciencia de un caos en una línea nueva, en una curva nueva, con un contorno diferente y otro color.

Aquí, ante este edificio, la creación se detiene y borra cada nombre, un campo visual baldío donde el acto de crear dejó de ser «la palabra mágica». Aquí, ante este edificio y en cada espacio de la memoria, se anda imposibilitado de ver-construir imágenes en un metro de pared, de buscar imágenes y jugar a ser artista, porque se tiene la certeza de que esa mirada, esa búsqueda, ese escape a ser otro, ya no «redime todos los males».

No se cansa

A J.C.F.

Hay uno que corre y patea un balón
Corre y pide más
Uno mientras hace de portero
El que detiene
 «¿No se cansa?»
Una vez más:
«Duro para detener bien
Si es suave no tiene gracia parar nada»
Entonces lo más fuerte que podía
Gol
Pelota adentro
Pero no había sucedido
De nuevo
Una y otra vez
Como si no hubiera sucedido
La energía de uno que no se cansa
Con cuidado eso
Cuidado con la muerte
Con la culpa
Que corre detrás de la pelota
A trompicones
Así escribir sobre la mesa
A trompicones
Mal
Del mismo modo que corría escribía
Mal
A trompicones

Moviendo las manos y la barriga
(Seguro que escribía moviendo las manos y la barriga)
Tratando de parar lo duro
Con un movimiento de risa
Ese que era loco trazando trazos
Allí por el césped los pasos de lo ilegible
Un correr ilegible
Tropelozo detrás de una pelota
Mientras pedía
«Tiren más duro. No me lleven bien»
Y allá va
Y le daba en un muslo
En la mano
En la cabeza
Mientras corría detrás de la pelota
Ese detener la página en blanco
Ese detrás de un pedido en vano
Porque desde el inicio le tiraron duro
Y pedía más de esos tiros
Para correr y escribir a golpes
Para detener siempre algún punto
Y ser portero
Y recibir golpes en los muslos
En las manos
En la cabeza
Nunca de porteros
Por ese decirle loco a lo muerto
Y creer que se le pudo tirar más duro
Para que se siga corriendo sin parar
Escribiendo sin parar
Golpeado en el desorden
Con balón o papel
Sin parar de correr

Para no entender que pasaba
Con esos movimientos de manos y barriga
Porque desde el inicio le tiraron duro.

(Aquí la segunda Caja suelta se cierra)

Se cierra

Destilar

Las palabras se cruzan mientras hay que construir con ellas y que esa construcción sea «eso» entrecortado seco ríspido que se completa en un conjunto corto que nunca se alcanza que es la única forma de destilar lo que se llama acto si nunca hay acto ni liberación entre hacer y vómito que no es personal ni mirada donde no hay cura ni hay alivio.

Se puede ser cosa a través de la relación entre bloques donde se siente el cansancio que es alejamiento de «eso» construcción donde no hay manera de procesar para hacer que se mueva cada bloque que sería suficiente si fuera posible para no intentar otro y sea «eso» lo enfermo quebrado en un color.

Escribir en el espacio que ocurre ese hacerse un truco ese ser mago y público sabiendo que no hay otra forma para ser «eso».

Se alcanza mientras se camina por donde no hay papel y donde no queda marca cuando se localiza se construye en dos frentes: en lo dicho y en «eso» y no saber cuál construye más débiles trincheras mientras sobre-escribe una y otra vez la misma frase y forma un cúmulo que reinicia y acaba una y otra vez cuando aparece un «eso» en el abandono que le da muerte.

Algo de lucha de conexión y lo demás se escribe y se habla en lo demás en lugar de mirar en lo demás es entre lo demás sin un modo de que «eso» esté en el cuerpo fragmentado de la escasez con lo poco que hay que decir en relación a lo que hay entre «eso» cortado seco mutilado y tieso y lo que se hace sin poner palabras y bajar con carretilla que se despeña.

Fuerte carga lo que no es «eso» ante lo demás lo más próximo lo que más se ha llegado a desnudar de toda fragmentación silenciosa si este cuchillo donde está lo que se intenta decir con «eso» es lo que detrás el que no escribe y produce un otorgamiento de nebulosa en el espacio no se alcanza a ver y donde no construye conexión duradera sin palabra encerrada que se escriba y permanezca siempre oculta.

En la oscuridad calla el intento dejando una palabrería que se dijo y quedó tachada y entra y se estropea y se repleta de ella y es necesario asesinar para ser una muerte de padre madre con todo «eso» que se mira y nunca es tragedia solo algo que equipara cargas que se procesan desde la mirada de la contención que se quiere y se dificulta y al final traspasa la barrera para convertirse en cosa.

Sumergido entre bloques y no poder decir ningún gesto diferente a lo que pretende «eso» de estar muerte y vida en una carga y que esa carga se eleve en cuanto se ejecute su peso sobre papel en cuanto pasa un suceso cualquiera en el que brota y surge un bloque cargado de palabras para construir una relación entre suceso y «eso».

Estar entre todos para escribir un bloque que no es salida a lo que pasó pasa o va a pasar donde se restriega tirando de ellas de un lado a otro escurriendo su cuerpo hacia el final de lo dicho y quedar colgado de lo que sustenta un papel una salida imposible de tomar con el deseo de postergar lo soltado y arremeter contra una voz otra voz que carece de relación con lo que se dijo atrás.

La contención de «eso» se ejecuta contra una manera de mirar y de buscar ladrillos para hacerlos propios contra la ausencia de manos alrededor de la construcción que ha sido la única manera de inclinarse sin queja para que voces y cuerpos sean la justificación de no ejecutar nada con aliento ajeno en el mal que es «eso».

Pero la ausencia crece en estructura se emplea para poner la palabra la mano la voz el cuerpo de lo que no está en su sitio de lo que no está en qué hacer y cómo seguir cuando no hay esperanza ni deseo de alcanzar «eso».

Tras «esto»[*]

Frente a todo este espacio se oculta una totalidad como detrás de un telón.

Allí se habita entre los silencios de un coro, en las imágenes de las losas que se pisan, en lo inalcanzable resguardado en ánforas que parecen cuidar el secreto fetichista de cada mercancía que un hombre, ya «hueco y embutido», amparado por prótesis que le sostienen, se otorga una aparente voluntad e independencia ante el Acto Total del que no forma parte.

Una frase es la señal que quedará grabada en ese telón como voz de mando a ese Acto Total que siempre hace recomenzar. Luego de esa frase vuelven las imágenes, ruidos, voces y murmullos que de otras maneras se instalan en los oídos, para penetrar y dictar un «quién soy» soberano que aplasta y limita, muestra lo que se debe creer para construir una historia que se plasma en mármol, allí donde todo queda sepultado en contornos como muestras de laboratorio, dispersos trozos deformes, memoria perdida de lo que una vez fue.

Entrar en este espacio que lo oculta todo pone cara a cara ante una cautivadora señal desde la que se recomienza para luego atrapar, donde solo permanece la mirada tiesa hacia eso «que vendrá, esto».

Al final, todo espectáculo termina enterrado en mera creencia de mercancía, en capsula, ánfora de matiz religioso que queda falseada cuando se pretende tesoro, riqueza Nacional que se eleva haciendo pagar muy caro, como se paga en las alcancías, llamado a pertenecer a una cultura que borra a los individuos

---

y forma parte final de un show, de un espectáculo del que ya no se puede escapar, porque el discurso de este espacio es, tal susurro de coro, una orden que jamás se detendrá.

Ante este enjambre de imágenes que llegan a «esto» mediante la Obra Total de lo falseado, se podría pensar en silencio:

¿Se escuchó alguna voz más allá de un coro?

¿Alguien habló?

Catálogo Bokeh

ABREU, Juan (2017): *El pájaro*. Leiden: Bokeh.

AGUILERA, Carlos A. (2016): *Asia Menor*. Leiden: Bokeh.

— (2017): *Teoría del alma china*. Leiden: Bokeh.

AGUILERA, Carlos A. & MOREJÓN ARNAIZ, Idalia (eds.) (2017): *Escenas del yo flotante. Cuba: escrituras autobiográficas*. Leiden: Bokeh.

ALABAU, Magali (2017): *Ir y venir. Poesía reunida 1986-2016*. Leiden: Bokeh.

— (2019): *Mordazas*. Leiden: Bokeh.

ALCIDES, Rafael (2016): *Nadie*. Leiden: Bokeh.

ANDRADE, Orlando (2015): *La diáspora (2984)*. Leiden: Bokeh.

ARMAND, Octavio (2016): *Concierto para delinquir*. Leiden: Bokeh.

— (2016): *Horizontes de juguete*. Leiden: Bokeh.

— (2016): *origami*. Leiden: Bokeh.

— (2019): *El lugar de la mancha*. Leiden: Bokeh.

— (2019): *Superficies*. Leiden: Bokeh.

AROCHE, Rito Ramón (2016): *Límites de alcanía*. Leiden: Bokeh.

BLANCO, María Elena (2016): *Botín. Antología personal 1986-2016*. Leiden: Bokeh.

CABALLERO, Atilio (2016): *Rosso lombardo*. Leiden: Bokeh.

— (2018): *Luz de gas*. Leiden: Bokeh.

CALDERÓN, Damaris (2017): *Entresijo*. Leiden: Bokeh.

CASTAÑOS, Diana (2019): *Yo sé por qué bala la oveja mansa*. Leiden: Bokeh.

— (2019): *The Price of Being Young*. Leiden: Bokeh.

COLUMBIÉ, Ena (2019): *Piedra*. Leiden: Bokeh.

CONTE, Rafael & CAPMANY, José M. (2019): *Guerra de razas. Negros contra blancos en Cuba*. Leiden: Bokeh, colección Mal de archivo.

Díaz de Villegas, Néstor (2015): *Buscar la lengua. Poesía reunida 1975-2015*. Leiden: Bokeh.

— (2015): *Cubano, demasiado cubano. Escritos de transvaloración cultural*. Leiden: Bokeh.

— (2017): *Sabbat Gigante. Libro primero: Hojas de Rábano*. Leiden: Bokeh.

— (2018): *Sabbat Gigante. Libro segundo: Saigón*. Leiden: Bokeh.

Díaz Mantilla, Daniel (2016): *El salvaje placer de explorar*. Leiden: Bokeh.

Espinosa, Lizette (2019): *Humo*. Leiden: Bokeh.

Fernández Fe, Gerardo (2015): *La falacia*. Leiden: Bokeh.

— (2015): *Notas al total*. Leiden: Bokeh.

Fernández Larrea, Abel (2015): *Buenos días, Sarajevo*. Leiden: Bokeh.

— (2015): *El fin de la inocencia*. Leiden: Bokeh.

Ferrer, Jorge (2016): *Minimal Bildung. Veintinueve escenas para una novela sobre la inercia y el olvido*. Leiden: Bokeh.

Gala, Marcial (2017): *Un extraño pájaro de ala azul*. Leiden: Bokeh

Galindo, Moisés (2019). *Catarsis*. Leiden: Bokeh.

Garbatzky, Irina (2016): *Casa en el agua*. Leiden: Bokeh.

García, Gelsys (2016): *La Revolución y sus perros*. Leiden: Bokeh.

García, Gelsys (ed.) (2017): *Anuncia Freud a María. Cartografía bíblica del teatro cubano*. Leiden: Bokeh.

García Obregón, Omar (2018): *Fronteras: ¿el azar infinito?* Leiden: Bokeh.

Garrandés, Alberto (2015): *Las nubes en el agua*. Leiden: Bokeh.

Gómez Castellano, Irene (2015): *Natación*. Leiden: Bokeh.

González Nohra, Fernando (2019): *Con sumo placer*. Leiden: Bokeh.

Guerra, Germán (2017); *Nadie ante el espejo*. Leiden: Bokeh.

Gutiérrez Coto, Amauri (2017): *A las puertas de Esmirna*. Leiden: Bokeh.

Harding Davis, Richard (2019): *Notes of a War Correspondent*. Leiden: Bokeh, colección Mal de archivo.

Hernández Busto, Ernesto (2016): *La sombra en el espejo. Versiones japonesas*. Leiden: Bokeh.

— (2016): *Muda*. Leiden: Bokeh.

— (2017): *Inventario de saldos. Ensayos cubanos*. Leiden: Bokeh.

Hondal, Ramón (2019): *Scratch*. Leiden: Bokeh.

Hurtado, Orestes (2016): *El placer y el sereno*. Leiden: Bokeh.

Jesús, Pedro de (2017): *La vida apenas*. Leiden: Bokeh.

Kozer, José (2015): *Bajo este cien*. Leiden: Bokeh.

— (2015): *Principio de realidad*. Leiden: Bokeh.

Lage, Jorge Enrique (2015): *Vultureffect*. Leiden: Bokeh.

Lamar Schweyer, Alberto (2018): *Ensayos sobre poética y política. Edición y prólogo de Gerardo Muñoz*. Leiden: Bokeh, colección Mal de archivo.

Lukić, Neva (2018): *Endless Endings*. Leiden: Bokeh.

Marqués de Armas, Pedro (2015): *Óbitos*. Leiden: Bokeh.

Miranda, Michael H. (2017): *Asilo en Brazos Valley*. Leiden: Bokeh.

Morales, Osdany (2015): *El pasado es un pueblo solitario*. Leiden: Bokeh.

Morejón Arnaiz, Idalia (2019): *Una artista del hombre*. Leiden: Bokeh.

Méndez Alpízar, L. Santiago (2016): *Punto negro*. Leiden: Bokeh.

Padilla, Damián (2016): *Phana*. Leiden: Bokeh.

Pereira, Manuel (2015): *Insolación*. Leiden: Bokeh.

Ponte, Antonio José (2017): *Cuentos de todas partes del Imperio*. Leiden: Bokeh.

— (2018): *Contrabando de sombras*. Leiden: Bokeh.

Portela, Ena Lucía (2016): *El pájaro: pincel y tinta china*. Leiden: Bokeh.

— (2016): *La sombra del caminante*. Leiden: Bokeh.

Pérez Cino, Waldo (2015): *Aledaños de partida*. Leiden: Bokeh.

— (2015): *El amolador*. Leiden: Bokeh.

— (2015): *La isla y la tribu*. Leiden: Bokeh.

— (2019): *Apuntes sobre Weyler*. Leiden: Bokeh.

Quintero Herencia, Juan Carlos (2016): *El cuerpo del milagro.* Leiden: Bokeh.

Rodríguez, Reina María (2016): *El piano.* Leiden: Bokeh.

— (2018): *Poemas de navidad.* Leiden: Bokeh.

Rodríguez Iglesias, Legna (2015): *Hilo + Hilo.* Leiden: Bokeh.

— (2015): *Las analfabetas.* Leiden: Bokeh.

Saunders, Rogelio (2016): *Crónica del decimotercero.* Leiden: Bokeh.

Starke, Úrsula (2016): *Prótesis. Escrituras 2007-2015.* Leiden: Bokeh.

Sánchez Mejías, Rolando (2016): *Mecánica celeste. Cálculo de lindes 1986-2015.* Leiden: Bokeh.

Timmer, Nanne (2018): *Logopedia.* Leiden: Bokeh.

Valdés Zamora, Armando (2017): *La siesta de los dioses.* Leiden: Bokeh.

Vega Serova, Anna Lidia (2018): *Anima fatua.* Leiden: Bokeh.

Villaverde, Fernando (2016): *La irresistible caída del muro de Berlín.* Leiden: Bokeh.

— (2016): *Los labios pintados de Diderot.* Leiden: Bokeh.

Williams, Ramón (2019): *A dónde.* Leiden: Bokeh.

Winter, Enrique (2016): *Lengua de señas.* Leiden: Bokeh.

Wittner, Laura (2016): *Jueves, noche. Antología personal 1996-2016.* Leiden: Bokeh.

Zequeira, Rafael (2017): *El winchester de Durero.* Leiden: Bokeh.

www.ingramcontent.com/pod-product-compliance
Lightning Source LLC
Chambersburg PA
CBHW020749160726
47993CB00006B/2690